고마나루 연가

이든기획詩選 018

고마나루 연가

이석구 제4시집

이든북

| 서시 |

고마나루 연가

정안천 저 버들은
물오르면 피어나서
버들버들, 봄만 되면 노래하고

연미산 서 소쩍새
달밤이면 날아와서
소쩍소쩍, 보고픈 임 불러대네

금빛 은빛 환복하며
만년 흐른 저 금강은
뭉실뭉실, 절경 앗아가건마는

예쁜 고마나루
봄 갈의 옛 그리움
문뜩문뜩, 가슴강에 절절하네

| 차 례 |

| 서시 | 고마나루 연가 ·············· 5

제1부

미끼	············ 13
저 참새는 어찌	············ 14
그들의 소원 또 빌겠죠	············ 16
슬픈 우크라이나여	············ 18
새들의 식사	············ 20
그 교만 하늘을 찌르네	············ 22
당신의 때는 가버리는가	············ 24
천장호의 아침 단상	············ 26
하루살이의 삶	············ 28
꼬리는 왜 흔적만 남겼나	············ 30
공생의 꿈	············ 31
삶의 역설	············ 32
삶의 고뇌는 세상으로 흐르고	············ 34
생존의 인내	············ 36
황톳빛, 그 색이 뭐가 어때서	············ 37

제2부

하고 싶은 대로 해 ············ 41
아자찌, 아줌마는 어디 가쪄여 ············ 42
붙이들의 서러운 고행 ············ 44
산왕거미 꿈 ············ 46
디만 일러줄 뿐 ············ 48
잊었는 걸 ············ 50
어찌 그 주·주는 닮아가지고 ············ 52
소풍 가던 날 ············ 54
베를린의 그날 ············ 56
가난의 기억 ············ 58
주아, 나비를 처음 본 날 ············ 60
삼대의 제주 여행 ············ 62
대통교 다리 밑 ············ 64
봉황동 큰샘 ············ 66
빨래 널이 ············ 68

제3부

감씨	…………	71
키 작은 들풀들	…………	72
행복	…………	73
아산의 빛	…………	74
아, 힌남노	…………	76
공포	…………	78
흔적	…………	80
일점오도 1.5℃	…………	81
모가울	…………	82
쨍볕	…………	84
달산리의 봄	…………	86
불타는 가을 숲	…………	87
목련꽃	…………	88
꽃샘추위	…………	89
큰개불알풀	…………	90

제4부

땅콩 캐기	………… 93
우금티 전투	………… 94
점점이 잃어간 순수	………… 96
열다섯 소년의 마음	………… 98
너, 이어도여	………… 100
아, 위대한 석장리	………… 102
여돗할망 제주살이	………… 104
황새바위 순교성지	………… 106
세민전	………… 108
속웃음	………… 110
허울 고운 영요	………… 111
고교 시절	………… 112
청벽산	………… 114
호안끼엠	………… 116
종일 비 내리던 날의 상념	………… 118

해설 | 이은봉
혼돈의 자아, 공생의 길, 건강한 정서 ………… 120

제1부

미끼

하늘에서 내린 것이 다 복은 아니란다
그렇게도 일렀건만
깔짝깔짝, 기어코 너는
달콤한 유혹 하나
덥석 물어버렸구나

천지가 다 붉도록 버둥치는 몸부림
아가리 다 해져도 벗지 못할
절망의 그 갈고리

애절하여라
가슴을 치며, 치며
처절히도 부르짖는 삶의 절규여

저 참새는 어찌

늦은 유월의 어느 새벽
십오 층 회색 숲이 하늘을 닮아가고
참새 한 마리
견고하기 짝이 없는 잿빛 틈새 들락이며
짹짹, 뿌연 먼동 틔우고 있다

저 참새는 어찌
참새참새 못하고 짹짹만 할까
까치는 까치까치하고, 종다리는 종달종달하고
그렇게 참되게만 소리하였더라면
세상엔 오해도 다툼도 없었을 텐데
내는 대로 듣고
듣는 대로 알아챘더라면
그것이 곧
진솔한 살이들의 마음일 것을

오늘 하루
그래도 좋은 일 있으려나

앞산 저 뻐꾸기는 뻐꾹뻐꾹
이른 이 새벽부터
아, 참스레도 소리하네

그들의 소원 또 빌겠죠

소원 빌었죠
널브러진 차령의 산들
그 언저리 맴돌던 삭풍아
너는 가고 속히 훈풍아 오라고

그런 지성 때문이었나
해마다 봄만 되면
쓰레기 더미 옆 역한 냄새조차도 향기로 알고 자라던 민들레
한결같이 꼭 세 개의 잎만을 달고도 당당하기만 하던 토끼풀
봄기운이 잊지 않고 거들어서인지
지천으로 깔리던 야린 삶들조차
설화산 기슭 가득 늘 행복하기만 했죠

파미르가 흘릴 눈물도 이제는 점점 줄어만 간다는데
다시 만년을 버틸 선 쌓으려면 시간 많이도 걸릴 텐데
 소중한 그 선을 쉽게도 허비해버리는 사람들이 야속하기는 하지만
 그게 뭔 대수겠어요

〉
쿤룬이든 텐샨이든
아니면 히말라야든
그 서너 개쯤 되는 큰 산맥들이 받드는 파미르인들
마냥 영원할 수만은 없는 것

이지러진 달 차오름을 반복하고
저 하늘 별은 총총
밤만 되면 다시 반짝일 테니
설화산 기슭에 모인 야린 초목들은 여전히
희희낙락, 환의 섭리에 순응하며
그들의 소원 또 빌겠죠

슬픈 우크라이나여

험하게 일그러진 얼굴
이리 몰고 저리 몰고
칼바람 휘두르는 먹구름에 쫓겨
살려달라
저 방울들 다급하게 창 두드리네
오손도손, 가진 힘도 쥐버리고
절대 다툴 일 없다며
소박한 꿈에 기대 살아온 사람들
어찌한단 말인가
포악한 푸틴의 날은 갈수록 예리해져
순박한 평화 난도질하네
나라를 내놓으라니
병자 같은 한 인간의 욕망이 빚은 참극
슬픈 우크라이나여
어느 때까지 싸워야 한단 말인가
얼마나 많은 삶이 망가져야 한단 말인가
모락모락
턱밑에서 봄이 꽃향으로 오르는 때

이념의 굴레에 갇혀 스러지는 영혼마다
조국 수호의 간절한 소지로 오르고
밤하늘로 날아가 아스라한 한이 되네
억울한 눈물로 주룩주룩 떨어지네
아, 우크라이나여
임인년의 봄
꽃향은 죄다 막막한 슬픔이고 마네

새들의 식사

팔월 초순
매미들이 숨죽였다

한 일주일
겨우 그 칠일 남짓 짧은 생이
이처럼 지켜내기 어렵단 말인가
산소골 언저리엔 하염없이 비 내리고
먹이 찾는 산까치들이 초록의 숲을 샅샅이 훑고 지났다

눈도 밝지
시커먼 나무 둥치 붙잡고 의태로 꼭꼭 몸 숨겼건만
살기 띤 매서운 눈을 피하진 못했으니
외마디 비명 따라 그도 찍혀갔다

폭풍에 나뭇잎 떨어지듯 허무로 간 숨
악마의 부리에 찍혀 찌익 외마디 떨군 그도
포도청 지나 꾸불꾸불 험한 장의 길을 걸을 테니
마침내 덧없는 배설로 뿌려지겠지

〉
먹고 먹히는 환의 사슬
그것이 그토록 당연한 이치일까
숨죽여 저항할 의지조차 놓아버리는 것이
의당 살아있는 자들이 취해야 할 바른 처신일까

그 교만 하늘을 찌르네

자연을 잃어버린 세대
인공의 무덤에 갇혀버린 우리는
호탕한 웃음 뒤에 숨은 쓸쓸한 그림자
저 멀리 창 너머 바벨의 기억 더듬어
자멸의 길 닦네

호모 사피엔스이기를 포기하고
이미 인간종의 멸을 자초하기에 이르렀으니
아장아장 설픈 걸음만으로도 뿌듯했던
수수만년 옛적의 그 순수는
대체 어디로 갔단 말인가

스스로 신이 될 수 있다는 환상 속에서
눈을 뜨고도 멀어버린 어리석음은
미다스의 유혹 고랑창 깊게 빠져들고

족함을 아는 지혜도
멈출 줄 아는 절제도 잃었으니

아, 이제는
그 교만 하늘을 찌르네

당신의 때는 가버리는가

인간이여
정녕, 당신의 때는 가버리는가

오만의 칩이 육신을 드날며
강녕을 핑계 삼아 영혼을 삼키는 날
하이브리드 인간이 전이의 물결로 오나니
정녕, 당신의 때는 가버리는가

백만 년 전
서는 것만으로도 감사할 줄 알던 그 순수를 저버리고
멈춰야 할 분수를 알면서도
밀려오는 물결에 허우적대는 비애

빛 밝은 서정의 흥취도
인간다운 애증의 정서도
그 물결에 모두 묻혀 가나니
온통 오만의 무덤 되어 가나니

〉
인간이여
정녕, 당신의 때는 가버리는가

천장호의 아침 단상

어둠이 조각조각
하나둘 부서지는 칠갑산 언저리
바람을 잡고 흔드는 천장호가 가는 가을 그리고 있네

스치는 붉은 기운
노랑 요정이 설핏설핏 얼굴 내미는 몽상의 수변에는
고요의 운율만이 철없이 흐르는데
길 잃은 나그네는 수심이 깊어라

반 쪼가리의 낮
화평의 길은 멀고도 멀어
노심초사, 한마디 말조차 경계하라 일렀건만

잠길 듯 말 듯
가다가 끊기는 출렁다리는
안개 속에 미끄러져 천리만리 미궁으로 빠져드니

아, 천장호여

명징한 해빙의 봄
그 언제나 오시려나

하루살이의 삶

노닐다가
때론 쫓기다가
간들간들 수초에 의지하여 버텨온 삶
나, 하루살이
광란의 화려한 비행 꿈꾸며
간난의 두 해 삶을 견디어 왔다

하늘 나니는 두세 날
그날이 이리도 찬란할 수 있는 걸까
무리진 황홀한 군무에 휘몰리며
이쁜이 꼬드겨서 높이 높이 혼인도 즐겼으니

아, 조급하게 다가오는 비극
그마저도 전혀 후회 없는 건
학보다 주목보다
나, 원 없는 광란의 춤
황홀한 절정을 살았음이라

〉
백 년 살이
천 년 살이보다도
훨씬 더한 극한의 정열 살랐음이라

꼬리는 왜 흔적만 남겼나

잡히라고 있는 것인지
치라고 있는 것인지
수수만년 천의를 감추어 온 인간의 꼬리가
언제부터인가 흔적만 남았다

정을 잇고 사랑을 잇고
세상의 온갖 예쁜 것들 맺으며 살라는 하늘의 뜻이었나
이순을 굽어 도는 사유의 내川가
온통, 얄팍한 혼돈으로 일렁인다

윤슬로 반짝이는 아침의 빛도
따지고 보면 하늘이 고향
이어짐의 길은 끊겨 흔적으로 남았을지라도
빛은 빛으로 하늘이었던 것을

천상에 닿을 듯한 인간의 탐욕 잘라내려
꼬리는 그렇게도
외로이, 흔적만 남겼는지 모른다

공생의 꿈

욕망의 수레에 기관을 달고
너른 저 들녘을 저지 없이 질주하던 날
바퀴에 깔려버린 작은 들풀 하나에서 신성은 사라졌다네
오직, 인간의 교만과 오만과
그리고 독선만이 물결처럼 일렁였다네
타락의 버거운 산맥 앞에서 신본의 마차는 서고
인본의 날개가 힘차게 날아오르던 날
하찮은 존재들조차 깃발을 높이 걸고
저마다의 길미를 탐하였다네
그때, 경외는 숨져갔다네
질그릇처럼 팽개쳐진 신성이 곳곳에서 깨어지고
삶의 이면에 숨겨졌던 진리마저 질식하여
곱게만 그려오던 공생의 꿈을 허상으로 치부하였다네
실존으로 나아가는 소망의 길이
허황한 전설로 전락하고야 말았으니
슬프게도, 그 성스러운 공생의 꿈을
이제는 점점 잃어만 간다네
너와 나, 사람의 마음에서 그것
아스라이 멀어만 간다네

삶의 역설

절벽 틈새에
발목 잡힌 저 소나무 자못 여유롭다

만용의 부러움은 힘을 만들고
어쩌면 저 아슬함도 자랑이 되는지
천 길 낭떠러지, 그 위태함 속에서도 살랑살랑 손 흔드네

파국에 이를 줄 알면서도 벼랑 끝 전술을 즐기고
거짓에 거짓을 덧대며 술수에 능한 사람아
죽겠다 죽겠다면서도 정작 죽음의 그림자는 외면한 채
권력의 달콤함에 취한 사람아
모락모락, 하얀 밤은 언제고 다가와
모든 것 덮는 걸 왜 모르나

'알았어'를 '아라써'로 쓰다가
어느덧 받침의 존재를 인식해서인지
'아랏써'로 고쳐 써 보지만 세상은 여전히 오류투성이

〉

　아귀다툼, 저주의 그 사슬은 영원히 벗지 못할 숙명인 줄도 모르고
　타버릴 줄 알면서도 몸 던져 달겨드는 불나방이나
　박살날 줄 알면서도 피 한 점 얻겠다고 달겨드는 모기나
　먹힌 줄 알면서도 암컷 등에 올라타 색색거리는 숫 사마귀
　모두가 다 틀에 갇힌 삶의 역설인 것을
　허옇게 부서질 줄 모르고 날뛰는
　영혼 없는 저 파도와 뭐가 다를까

　차라리, 절벽 틈새에 발목 잡힌 저 솔처럼
　살랑살랑 손 흔드는
　그 처연함이 낫지

삶의 고뇌는 세상으로 흐르고

삶의 고뇌는 세상으로 흐르고
어둠의 길은 땅에서 나서 매번 하늘로 올랐다

조그마한 구멍을 통해 어둠의 구석들이 솟아난 뒤에는
여지없이 하늘도 덩달아 어두워지고
반짝반짝
하염없는 눈물만 밤새도록 쏟아 낼 뿐이었다

본향이 하늘이라도 되는지
왜 꼭 어둠의 길은
땅에서 나서 하늘로만 오르는 걸까

징 울림이 하나의 점에서 퍼져가듯
막막한 삶의 고뇌들은
왜 하나같이 왜소한 나에게서 나서
저 먼먼 세상으로 산만하게만 흩어져 가는 걸까

어둠의 길이 꼭 하늘로 오르듯

삶의 고뇌도 어쩌면 세상으로 흘러
그럴듯한 탓 하나
마냥 찾아갈 참이었는지도 모르지

생존의 인내

정 깊은 것인지
외로웠던 것인지
찰떡같이 끈끈한 대지는
두 다리 잡고 꼼짝달싹 못하게 하였다
긴 목만 움츠렸다 폈다를 반복하며
장끼는 그렇게
삼십 분도 넘게 두리번거리며 주변을 살폈다
의존적 경쟁이 깊숙이 득실 감춘
푸른 별 중심에 선 존재들
하루살이부터 벌 나비 그리고
참새들이 촐싹대며 곁을 배회하는데도
장끼 한 마리
결코, 흔들림 없이 경계서는 까닭은
수수만년 긴 시간 속에 촘촘히 새겨진 생존의 인내
그만큼, 그 뿌리가 깊기 때문은 아닐까

황톳빛, 그 색이 뭐가 어때서

땅은 땅
하늘은 하늘이거늘

하늘의 색을 닮고자 황토색 땅은 봄내 새싹 틔우고 여름내 초록을 키우나 밤낮으로 호활한 기운이 들판 가득 넘쳐나서 이제 곧 하늘이 되겠거니 분망하게 들썩이기도 하고 그도 이따금 돕는 것인지 회색 구름으로 지상을 달래며 이곳저곳에 희망을 뿌려대고 있으니 그럼 그렇지 너, 착각의 늪에 빠질 만도 하다 하지만 이치란 것이 하도 오묘해서 닮을 듯 닮을 듯해도 서로 달리 영원한 평행인 것을 뜰 줄 모르고 소리 없이 도는 껍데기는 사라지지 않을 삶과 죽음의 탈을 반복할 뿐인 것을 어찌하여 굳이 너, 남이 되려 애를 쓰느냐 누렇게 누워버린 저 들녘은 지금도 지쳐가서 끝내 닮을 수 없는 하늘을 턱없이 탐하였다는 자책의 회한만이 가득한데도 너, 또다시 갈마도는 삶과 죽음의 휘몰림 속에서 허락되지 않을 그를 부러워할 테니 애석하다 도대체 황톳빛, 그 색이 뭐가 어때서

분명, 땅은 땅
하늘은 하늘이거늘

제2부

하고 싶은 대로 해

하늘의 별은
뜨고 싶어 뜨는 걸까

하고 싶은 대로 해
그 말처럼 자유를 주는 말이 없는 듯하다
아니 그 말처럼 구속하는 말이 없는 듯하다
한없이, 자유를 주는 듯하면서도 구속하는 말
기표의 무능함이 이처럼 크단 말인가 아니면
다양한 기의의 낯짝에 아직도 적응하지 못한 탓인가

하고 싶은 대로 해, 그 말
도대체 내 마음대로 해도 된다는 것인지
아니면 절대 함부로 날뛰지 말라는 것인지
헷갈리는 모호의 늪에서 오늘도
혼란한 하루가
삶의 노을에 잠기고 있다

저 하늘엔 또
어두운 별 초롱초롱 뜨고 있다

아자찌, 아줌마는 어디 가쪄여

임신년 이월
봄볕 감도는 어느 오후
오미크론에 먹힐까 꽁꽁 코와 입 봉쇄하고
근처 농협의 노컬푸드에 갔지

사 오라는 찌갯거리 돈육
딸기 한 팩과 사과 한 봉지
그리고 떡 몇 첨 사 들고 셈 대에 섰어
두 손으로 턱 괸 채 셈 대 끝에 기대선 다섯 살쯤 아이
시간도 잊은 듯
오가는 호기심을 꼼꼼하게 스캔하고 있었고
앞선 여인 몇이 떠난 자리에 드디어 내가 섰어
셈 마치고 서툰 장바구니 챙겨 드는데
가엾다는 표정으로 빤히 나를 올려 보던 그 아이
심각하게 건네는 말

"아자찌, 아줌마는 어디 가쪄여?"

〉

달포 전쯤

명퇴 앞둔 내 서재에 세월을 걸겠다며

잘못 의자에 올라섰던 아내

뭣이 그리 급하다고 두 발 앞서 등허리 먼저 내렸는지

서참, 귀여운 저 아이

왜 그리도 궁금하게 만들었는지

붙이들의 서러운 고행

그리 서러웠는가
큰 살 작은 살 불러 놓고
다친 사 번 요추에 기댄 그녀가
서럽게도 우는구나

측은의 무게는 같아서 그 마음이 그 마음
알지 알지요, 잘 알지요
붙이 아끼는 지극한 정성이야 뉘라서 다르랴마는
그 갈래는 여럿이라며, 큰 살답게 위로하고

작은 살
나, 얼마나 마음 삭아 나는 줄 아느냐고
고통의 병상 수놓던 어릴 적 그 보살핌
지극한 엄마 희생 어찌 모르겠느냐고
잘 알기에 숨죽이며 마음 더욱 아려 왔다고
북받친 감인의 설움을 펑펑 눈물로 쏟는구나

그래

삶이란 붙이들의 서러운 고행
찬란하게 엮어가는 애증의 역사

서른다섯
양어깨 짊어졌던
천직의 해가 남긴 것은
허름한 둥지 하나뿐
슬며시 연금에 기댈 불안이
삶을 반추하게 하는구나

침묵의 강이 가슴 복판을 흐르고
흰죽 한 사발 바쳐 올린 큰 딸의 연민
이것저것, 안쓰러운 그녀가
멋쩍게 마음만을 받는구나

산왕거미 꿈

방사형 사각 무늬
하얀색 거미줄이 누운 내 얼굴 위로
조각조각, 하늘을 가두었다

손 뻗어 버겁게 당긴 한 줄
가닥가닥 움큼으로 접히고
첩첩이, 힘겨웠던 지난 시간이 배 위로 내려앉았다

저 끝엔 뭐가 있을까
하늘조차 접혀 내리는 건 아닐까

궁핍이 대롱대롱 거미줄에 매달린 삶
끝이 보이는가 싶더니
집채만 한 산왕거미 하나
네 쌍 다리 겅충겅충
저편 그물 너머에서 달겨들었다

꿈이었다

〉
채무에 짓눌린 삼십여 년
명퇴금 탈탈 털어 정리한 게 엊그젠데
아, 많이도 서운했나 보다
함께 해온 저 가난이

다만 일러줄 뿐

요구하지 않는다, 다만 일러줄 뿐
어떤 것도 선택은 너의 몫인 것을

어머니도 그랬으리라
마음에 담아둔 바람들
겁 없이 내보이시든 젊은 시절 있으셨으리라
듣고 흘리고, 듣고 흘리고
오랫동안 자식에게 당해왔던 그 상처들이 진하게 엉켜
언젠가는 돌만큼이나 딱딱한 관솔로 굳어졌을 어머니
삼백예순다섯 날을 참고 또 참으시다
바람 쉬이 드러내지 않으리라, 체념하셨을 어머니
가슴 저 바닥에서 삭히고 삭혀온 기대가
썩은 퇴물로 울컥 솟아
가끔은, 작은 불똥 하나로도 활활
그것도 한 백 년쯤은 너끈히 타고도 남았을 어머니
오늘도 외로운 바랑 하나 짊어 메고
산소골 언저리를 침묵으로 서성이시는 걸 보면
그렇게 터득하셨음이 분명하다

〉
나도 이제 그렇게 닮아
다만 일러줄 뿐
바람은 바람대로 그냥 묻는다, 가슴에

잊었는 걸

저기

빈집에 홀로 남아

능소화 곱게 피었는걸

계묘년 장맛비는 무참히도 내리고

미호강 틈새 비집어 오송을 삼켰네

신혼의 꿈 채 익기도 전에

한숨에 말아 오른 회색빛 저 구름아

짧은, 어느 한을 품은 그리움이더냐

울부진들

펑펑 울부진들

천천의 허공에 어푸러져 목을 놓아 울부진들

아, 그게 다 무슨 소용이더냐

가까운 초량의 참사도 잊었는걸

삼풍도 세월도 다 잊었는걸

버얼써 잊었는걸

또, 언젠가

유월의 피비에도 삼팔선은 다시 갈려

한으로 한으로만 시퍼렇게 장식하던

그 커드만 한 상흔마저 까마득히 잊었는걸
아, 그리고
그리고 또 내일
무엇이 달라질까
깊숙이 비탄 감춘 채
빈집에 곰게 피어날 능소화
날 벼르는 그 절망도 우리는 다시, 잊었는걸
매일매일 모든 걸 잊었는걸
머언 먼 그때에도 우리는, 그렇게 잊었는걸

어찌 그 주·주는 닮아가지고

돌이켜 보면
늘 미숙에 빠져 살았다

하늘이 참 곱게도 푸르던 날
봉황동 오거리 지나 스물넷 청춘이 다리를 건넜다
공산성까지 길게 뻗은 곧은 길은
초입부터 드문드문 허름한 삶이 오갔건만
주체할 수 없는 황홀한 설렘은 주변을
온통, 영의 고요 속에 묻어버렸다
'죽는 날까지 하늘을 우러러
한 점 부끄럼이 없기를
잎새에 이는 바람에도
나는 괴로워했다'*

서정주의 서시를 나는 참 좋아해요
찰나, 미숙이 의식 밖으로 던져졌다
아이 무식해라 그게 어찌 서정주람
이미 한 번 던져진 어둠은 구천을 떠도는 고독한 넋

서정주의 서시면 어떻고 윤동주의 서시면 어땠기에
그냥 서시면 되었던 것을
하긴, 스물일곱 짧은 인생
꺾일 줄 모르던 그의 고고함을 어찌 함부로 팔 수 있겠는가

가슴에 들어앉은 당신은
굴욕의 날 무참하게 짓밟고 계셨으니
아, 어찌 그 주·주는 닮아가지고

* 윤동주의 서시 부분 인용

소풍 가던 날

경술년이었던가
궁핍한 열한 살 소년의 소풍은 화려한 고통이었어
이십 원쯤 받아든 어린 마음이 낡은 싸릿문 잡고 울었어
쫀드기야 몇 개 살 수 있는 돈이었지만
여러 밤을 설치며 들떴던 마음엔 턱없이 부족했지
노랑 파랑 빨강, 공중을 맴돌던 예쁜 풍선들은 순간 바람으로 날아가고
뚜뚜뚜 나팔 불며 고샅길 누비던 소년의 꿈도 그 아침, 안개로 흩어졌지
고사리손에 들린 이십 원은 철없어 엉엉 울고
젊은 엄마 애절한 마음은 그 아침 찢어지며 울고
보다 못한 등 굽은 할머니, 살짝
깊숙이 감추어 온 고쟁이 속 몇십 원 살을 떼어주었지
십리사탕 우물우물
룰루랄라 돌아온 어린 소풍은 그렇게 끝나는 듯했어
애절한 설움의 혀가 날 벼른 듯
"할머니 드실 것은?"
"네 동생 선물은?"

그날 저녁, 동댕이친 울부짖음으로 둥둥둥 북막을 흔들었어
"아무리 철없어도 그렇지."
눈깔사탕, 십리사탕, 쫀드기, 뽑기, 호루라기, 풍선
그리고, 나팔 나팔
어린 소풍은 견디기 어려운 유혹의 나락
나팔에는 눈도 주지 못했는 걸
아, 가난한 열한 살 소년에겐 그 소풍
너무너무 화려한 고통이었어

베를린의 그날

임오년 극월
베를린의 그날은
왜 그리도 눈이 내렸나 몰라

높이도 쌓인 것이
동서의 날이 무디어져서인지
철벅철벅, 녹아내린 장벽의 흔적을 덮고
왜 그리도 푹푹 빠졌나 몰라

장화라고 신은 것은 숭숭 뚫린 이념의 벽
등짐 하나 들춰 메고
아홉 살 어린것이 쫄랑쫄랑
축축하게 새어드는 베를린의 차가운 겨울이
그 어린것에게 얼마나 큰 고통이었을까

시렵다 시렵다는
연민의 끈이 그리 애틋했던걸
그때, 찡찡대는 그 절절함에서 읽었어야 했는데

꼭 읽어 냈어야만 했는데

이미 사라져 흔적도 없는 분단의 역학
그러나, 가슴팍 저편에 가두어 놓고는
궁핍의 허울 속에 깊이 숨어만 버렸으니
아, 처절하게 쓰라렸던 유럽의 병자*여

베를린의 그날
그날은 왜 그리도 많이
눈이 내렸나 몰라

---

* 19세기 후반 열강들 사이의 영토분쟁 와중에 쇠퇴 과정을 밟아가던 오스만 제국을 지칭하던 말. 오늘날에는 유럽에서 경제적 쇠퇴 과정을 걷고 있는 국가들을 일컫는 말로 쓰이기도 함. 1989년 동서 통일을 이루었던 독일 역시 경제적으로 큰 어려움을 겪었으며, 2003년에는 경제적 위기가 최고조에 달하여 유럽의 병자로까지 일컬어짐.

가난의 기억

겨우 수 밀리
동공으로 기어든 봄 햇살이
짠하게 내 가슴 메워오고 있다

햇살처럼 지천으로
그때는
가난이 봄 들에 뿌려지던 시절이었는데도
감자떡이라도 먹을 수 있는 풍요를 누렸다 하니
그래도 너는 참 행복했던 거다

부름이 화가 되어 몸뚱아리 찢긴다 해도
버둥치다, 끝내 횡사한다 해도
소리소리 짝을 부를 수밖에 없는 수컷 매미의 숙명처럼
목숨 걸고 먹을 것을 찾아야만 했던 가난의 기억

마흔다섯 감자떡이 삶을 희롱하듯
봄만 되면 이제는
만원으로 나부끼는 역설의 때가 되었는데도

가난을 습관처럼 아직도 기억하는 몸은
여전히, 이 봄도 춥다

주아, 나비를 처음 본 날

찰방찰방 손 닿으면
마음 온통 품어주는 맑은 호수여
살짝살짝 눈짓하면
시름 다 앗아가는 연둣빛 봄 산이여
몽롱한 꿈속인 양
너는, 나의 황홀한 설렘이어라
한 달 남짓 남겨둔 한 살의 생에서
너는 처음 나비를 보았지
계묘년 이른 봄날
참꽃에서 날아올라 팔랑팔랑
바람을 타고 노는 하얀 저 봄 나비가
네게는 그리도 신기하였나
누런 잔디 밟고 사각사각
할애비 품에 안겨 통통 솟는 너의 오감이
발아래 가랑잎새 바스락에도
쫑긋 귀 세우고 눈 반짝이니
오, 놀라워라
주아, 나비를 처음 본 날

주 안에서 아름다울 내 사랑
황금빛 찬란한 나의 오렌지여

삼대의 제주 여행

빛이 더듬은 자리마다 구멍 숭숭 뚫리고
노피곰 솟은 잿빛이 완만한 능선을 그리던 곳
너는 일찍이, 다가올 오늘의 영광 꿈꾸었나
천구백여 고지에 아담한 복받이 만들어 하늘 섬길 줄 아는
봄이면 유채꽃 가득 안고 검푸르게 일렁이는 저 바다를, 한낱
여인의 치맛자락쯤으로 두른
너는, 겁 없는 평온
참으로 아름답도다
가지런히 쌓인 돌담 틈새로 연인의 밀애가 새어 나오고
맛도 넉넉하여
흑돼지가 자글자글 봉순이네* 집에서 익어가는
갈치구이가 통째로 색달*의 점심상에 오르는, 그런 제주
오설록, 사람 반에 환하게 웃는 차밭
참으로 싱그럽도다
삼대의 삼박 제주 여행
시간은 빛을 타고 아련한 자취로 흐르니
산방산 아래 사계의 들이 덩실거리고

원앤온리**가 해반에 어우러져 청춘을 사로잡는 곳
새벽 다섯 시
구름 한 점 없이 맑은
이십일 층 롯데시티호텔 창 너머로
우주선 세 대 말갛게 떠 있는 제주 하늘이
첫돌 맞은 우리 주아에겐
어떤 모습으로 새겨졌을까

* 서귀포시에 있는 식당들의 이름
** 산방산 용머리 해안 근처에 있는 카페 이름

대통교 다리 밑

대놓고 바람이 드나들었다
그깟 쓸모도 없는 것을 훔쳐 무엇 하려는지
대통교 다리 밑은 여름내 도적 바람 들락거렸다

한낮
땡볕 피해 모여든 소문들
한여름만 되면 온갖 삶의 애환이
대통교 다리 밑에서 다독여지고 또 잠들고 하였다

동에서 서로, 호서극장과 사대부고를 잇고 선 대통교
한나절도 안돼 공주 땅 어디든 퍼져버리던 소문은
대부분, 그저 허접한 쓰레기에 지나지 않았거늘
어째서 그리도 솔깃했는지

걸지기 짝이 없지만
도저히 귀 닫을 수 없던 구성진 만주댁 이야기와
바람 든 귓전에 투가리 날리고 서울 갔다던
옆집 남자, 새살림 차렸다는 이야기와

쉬쉬하면서도 왁자한 다리 밑 자녀 이야기가
청춘의 발을 잡았다

극장 한켠의 문광사 빌미 삼아
수학 정석이 오고 성문 종합영어가 가고
검정색 스커트, 흰 블라우스조차에도
마음 빼앗기던 여린 청춘
어찔어찔, 한여름만 되면 대통교 다리 아래
그 신비의 밑을 허적이고 있었다

봉황동 큰샘

뒷전에 봉을 두고
골목 마을 은밀히 굽어보는 황이
연민의 정으로 어우러져 가난을 품은 산, 봉황산
자락에 세간의 이야기 퍼 올리던 큰샘 하나 있었지
아낙들의 살림터요 가난의 시련이 항설로 방황하던 곳
여름만 되면
벌거둥이 놀이터로 잠시 시름도 잊게 하던 그 샘에는
종일 구성진 삶의 이야기 버글거렸지
가난은 산밑으로 기어드는 것인지
그때는 왜 그리도 골목골목 다 어두웠는지 몰라
얼핏얼핏 그렸다 지웠다를 반복하며
새벽안개 벗고 하나둘 모여든 골목들
저마다 간밤의 시름 빨래판에 올리고는 제 일인 양
어이쿠 그랬구나, 이를 어째, 저를 어째
후렴처럼 장단을 맞추었지
왁자한 소리에 놀라 깬 새댁
종종걸음으로 와 귀퉁이에 슬며시 터 잡아서는
향긋한 신혼, 부끄러움 살짝살짝 감추어 빨고

누군가 내리친 울분 한 타에
기다렸다는 듯, 선창으로 방망이 요란하게 주변 흔드니
옷가지 마디마다 헌 티로 밴 시름들
혼비백산 허공으로 흩어져 갔지
서산으로 기울던 노을조차 연민에 빠져버렸나
한참을 머물다 훌쩍 눈물 훔치며 길게 담을 타고 넘던
봉황동 큰샘
이제는 아담하게 단장하고
오가는 이 옛 추억만 맞네

빨래 널이

이십여 개월
요 귀여운 것
폭 오십, 백 삼십 센티 남짓 빨래 널이도
네겐 놀이터가 되는구나
이불 한 채 덮인 밑이
넓고 깊은 모험의 터널
기고 넘기를 되풀이하는
까르륵까르륵, 파릇한 호기심
여울도 지나 곧 너른 대양
그래, 요 귀여운 것아
세상은 온통
새봄 벅찬 빨래 널이지

제3부

감씨

숟가락 하나
앙증맞게 움켜쥐고는
황톳빛 적막 속에 갇혀 있구나

훈훈한 살가움이 너를 부르고
축축한 사랑이 한, 일 년쯤 감싸 안은 뒤에야
너는
슬며시 마음 열겠다

세상이 모진 탓이냐
그리도 꼭꼭 움켜쥔 숟가락 하나

오, 안쓰러워라
그것은 정녕
어머니, 당신의 마음인가

키 작은 들풀들

험준한 산을 넘어서
광활한 들에 드리우는 해맑은 부드러움은
그 얼마나 아름다운가

민들레와 토끼풀과
그리고 그 아래 고만고만한 것들이 어우러져
영롱한 색계를 빚어내는 곳

골을 따라
사유의 강은 백 갈래 천 갈래 다른 길 낼지라도
총총, 너와 나 다툼없이 겸허히 위로할 뿐

숙명인 양 터전 삼아
골 언저리 틈새마다 평화롭게 살아가는
저, 키 작은 들풀들

큰 것들아
어찌 저들의, 삶마저 작다 하겠는가
어찌 저들의, 일생 가볍다 하겠는가

행복

하도 푸르러서
실눈조차 앗아버린 날
바위 틈새 아픔에 뿌리 내린 소나무
세월의 노을 속에 잠겨간다

이고 진 서 하늘로
이제는 따사로운 기운마저 희미해져
지천이던 봉황산 언저리 클로버도
욕심 없는 삶 떨구고 수크령에 묻혀가는데

꼭 세 개의 잎만을 고집하던 너
아, 아쉬워라
한결같은 그 모양, 그 흔하던 권태가
바로 행복이었다니

아산의 빛

신정호 갈대숲 너머
속 깊은 물을 딛고
옹기종기 물풀들이 모여 산다
끈끈한 정을 잡고 함께 엮어
한, 백 평쯤 되는 섬을 지었다

저 멀리 물보라 일으키며
시원하게 달리는 수상 스키는
은빛 파동 줄렁줄렁 세월의 기억 맴돌며
그 옛적 도고의 영광 추억으로 되살리고

순신의 충정 이어받은
호국의 후예들이 온정을 품은 곳
현대로가 인주를 달리고
삼성로가 탕정 뜰 내달리며
세상의 온갖 새를 유혹한다

아브라함도 석가도

그리고 무함마드도
물풀이 엮어낸 깔개에 모여들어 하나로 어우러졌으니

아, 밝도다
보라, 어제와 오늘
그리고 내일이 이룬 조화
찬란한 저 아산의 빛을

아, 힌남노

힌남노
역대 가장 강한 태풍이 온다고 한다
누가 먹다 버렸는지
시리도록 푸른 바다에 잠겨 희디흰 솜사탕 떠도는
잔잔하기만 한 계룡인데
제주에는 이미 비가 시작되고 바람이 몰아친다 하니
역시, 세상 넓긴 넓은가 보다
살짝 위로 솟는듯하다가 아래로 휘어 내린 귀
어느 전장에서 잃었는지
외귀 투박하게 빛나는 군청색 물잔은
어둡게 채색한 주변을 고요하게 품고
살랑살랑 시원하게 바람 좀 불까 하여
세 군데나 활짝 열어젖힌 베란다 창이건만
그들조차 물잔에 들어앉아
조용히 숨죽이고 있다
칠십이 년 전 새벽이 이랬다던가
조용하기만 했던 그날의 아침이었건만
갑작스레 몰아친 돌풍이 서울을 쓸고

대전을 쓸고, 끝내는 광주를 휘감아
낙동강 해자에 가두었던 잔인한 삶
지금, 저 하늘의 푸른 고요가
어쩌면 결코 고요가 아닌 고요
아, 힌남노

공포

공포로다
퍼져가는 것들은 오직
하나의 작은 점에서 시작하여 파동으로 흐르는 것인지

편리를 향한 인간의 오만이 지구를 어지럽히고 있다
신은 죽었다는 니체의 말이
자연에 깃든 신성을 무시하는
지독한 탐욕에 대한 경고였던 걸 왜 몰랐나
쌓여가는 페트병
아우성치는 자연을 가두고는 원망 속에 살아온 절정
인간의 편의를 지키려는 충직한 여정이었거늘
그런 노고에도 불구하고 환영은커녕
숨을 거둘 수조차 없는 가련한 신세로 전락하였다
십 년이 가도 백 년이 가도
홀로 씁쓸한 적토를 채이듯 방황하는 신세, 천천무리 되었다
 이기의 기운을 품은 비닐이 터와 터를 나누고
 지척에 둔 이웃들끼리도 손잡을 수 없는

이산이 늘어나는 시대
나누고 싶어도 나눌 수 없는 인간의 정이
차갑게 질식하는 시대
신은 스스로 있는 자라고, 그러한 존재라고 하였거늘
그것은 곧 자연을 뜻하지 않던가
사람이 시림아
이간하고 몹쓸 쓰레기만을 안겨주는 것도 모자라
파헤치고, 가공하고, 태우고, 쌓아두고
심지어 태산 들어 바다조차 농락하기에 이르렀으니
아, 꿈틀거리는 심연의 분노
일렁이는 대륙

퍼져가는 것들은 오직
하나의 작은 점에서 시작하여 파동으로 흐르는 것인지
재앙이로다
아, 크나큰 공포로다

흔적

적막한 산중
달밭 오두막에 눈이 내렸어
그 흔하던 산고양이조차도
지금은 고요에 묻혀버렸는지
하얗게 눈 쌓인 집안 뜰에는
바람 한 점 지난 흔적이 없었지
흔적은 곧 삶
흔적은 곧 죽음이라는
그 엄중한 등식을 깨달아서인지
요즘은 세상이 온통
심지 돋우며 흔적 놀음에 빠져버린 듯해
먹으려는 자는 먹힐 자의 흔적을 찾아서
먹히는 자는 또 그 흔적을 지우기 위해서
적막한 산중 오두막조차도
그 진리를 깨달아서인지
소복이 눈 쌓인 집안 뜰에는
절대, 바람 한 점 지난 흔적이 없었지

일점오도 1.5℃*

아득한 시원의 날에
호흡을 적토에 불어 넣고도
무성하게 묻혀만 갔던 원혼들이 깨어났다

그것은
야살스러운 인가의 남용이 부른 지주

스스로 화를 공중에 가두고
몸살 앓는 오월의 대지는 가물과 호우의 분수도 앗은 채
뜨겁게 뜨겁게만 달아 오르고 있으니

일점오도
아, 누가 막아설 수 있으려나
절박한 온난의 부풍
고통의 그 마지노선을

---

* 국제사회가 2015년 파리기후협약에서 지구 온난화 마지노선으로 설정한 온도. 산업화 이전보다 지구 평균 온도가 1.5℃ 이상 오른다면 인간 제어의 한계를 넘을 것이라고 경고하며, 각국의 책임 있는 환경 행동을 요구함.

모가울*

초등학교를
국민핵교라 부르던 시절
삶의 앞자락에 선 봉오리들이
고몰고몰
이리 몰리고 저리 몰리고
스물두어 채 모가울 언저리를 마구 쏘다녔지

여러 질은 됐음 직한 계곡 품은 뒷동산
한두 아름은 족히 됐음 직한 나무들 사이 누비며
때론 전사가 되고
때론 엄마 아빠가 되고
저만치서 앞발 들어 다람쥐 한 마리 두리번거리면
사방에서 몰아 달리다
끝내, 절벽 높은 구멍으로 눈 기어들었지

마을로 내려선 허탈한 마음
아쉬움에 더듬더듬
초가 처마 밑

작은 구멍마다 드날고
고사리손에 얹힌 어린 참새들은 엄마 짹 아빠 짹
참 안쓰럽게도 울어댔어

끝에서 끝이 겨우
큰 걸음 몇백 보가 나였던 마을
그 작은 너가 고사리 걸음엔 왜 그리도 넓었던지
쏘다녀도 더 쏘다닐 너른 강산 같던
온통 그땐
봉오리들의 놀이터였지

* 충남 논산시 노성면 노티리의 한 마을 이름. 시인의 고향 마을.

쨍볕

저기
그리운 이 오시네
긴 장막, 말랑한 회색 벽에 막혀 오시지 못하던 이
찬란한 쨍볕으로 하얗게도 내리시네
이보다 더 뜨거울 수 있나
이보다 더 작렬할 수 있나
당신은
칠월 장마 보낸 이의 선물
비실대는 창백한 얼굴 보듬어
정열의 향연 펼치시네
더도 말고
이대로만 한 두어 달
그냥 내려만 주시면 되오니
바람은 불어도 좋사오나 사납지 않게
볼은 때려도 좋사오나 모질지 않게
뜨거운 열풍으로 대추 알 살찌우고
푸른 사과 빨갛게 익어가도록만
들판 가득 벼알들 누렇게

황금 옷 지어 입을 시간만큼만
부디 그만큼만
내려 쬐이시면 되네

달산리*의 봄

당신
바라보는 것만으로도 황홀하였지

달산리 자락마다 길게 늘어선 연둣빛 당신
봉긋하게 벗어 내민 두 봉우리
수줍음 품은 당신은
눈길 주는 것만으로도 붉어지고
손길 닿는 것만으로도 방긋하였지

부름의 거창한 소명 없어도
햇살 보듬어 젖가슴 기어들 듯
은밀하게 골짜기 숨어들어서는
산소골에 꽃내음 흠뿌린 날

당신
바라만 보는 것으로도 나는
마냥 황홀하였어

* 충남 공주시 이인면의 한 지명. 싱그러운 산소가 가득하다 하여 붙여진 '산소골'이라는 골짜기가 있음.

불타는 가을 숲

불타는 가을 숲이 아름다운 건
생존의 다툼이 사그라들어서이지
더는
투쟁의 날이 지배하지 않아서이지
살피며 살아야 할 믿음을 잃는다는 것이
얼마나 두려운 일이었나
어린 것조차 목조이던 환삼덩굴
그의 여름은
얼마나 잔인하고 또 오만하였나
채워질 수 없는 욕심에 눈이 멀어
비워낼수록 맑아지는 샘을 보지 못했네
내일을 위해 살기보다는 오늘을 사는 것이
가슴 데워가는 따뜻한 일임을
이제는
불타는 가을
저 숲을 보고 알았네

목련꽃

저 봄 아씨
가뿐가뿐 오시네
보송보송 솜터럭에 싸여
사뿐사뿐 오시네
백옥의 하이얀 웃음 수줍게도 흘리시며
사알짝 속살 열어
숫 가슴 탐하시네

꽃샘추위

친구여
차디찬 자네의 투정질에
나 얼어 죽네

하지만
원망은 않네

자네라고 어디
보대껴도 한 번 살이
미련이야 없겠는가

큰개불알풀

음심이 앞서서인지
개불알도 아니고 큰개불알풀이란다

지상의 비단 한 폭
옅은 청자색 이리도 아름다운걸
두 청춘 고개 들어 한껏 자존심도 세웠거늘
개불알도 아니고 큰개불알풀이란다

살포시 햇살도 반해 앉아
요리 살짝 조리 살짝
꽃 무리, 고 귀요미에 폭 빠져버렸네

아, 그 꽃술
새의 눈을 닮았으니 새눈풀
그래, 차라리 새눈풀로라도 불러야겠다

제4부

땅콩 캐기

땅콩을 캐어 본 사람은 알지
이탈하는 알은
뒤에 별을 남기고 스러져간다는 것을
뜯겨가는 혈족마다 아우성치는 홉반
한 모금씩 나누며 살아온
지난했던 허기가 면해지려나
하늘은 빛이라고 믿었기에
망서림 없이 연줄 잡고 올라섰을 뿐인데
뿔뿔이 흩어지는 파멸의 응어리
아, 그래도
적막 속의 그 삶
차라리 행복이었나

우금티 전투

저 고개 넘을라치면
여지없이 스나이더 한 발에 가슴 하나씩 뚫려 나갔다

죽창에 쇠스랑, 낫자루 거머쥔 농민들
기껏 화승총에 의지한 동지 따라 오르고 오른 우금티는
절규 어린 그들의 피 무덤 되었다
견준봉에 버티고 선 이백 일군
숨었다 쏘아대고 숨었다 쏘아대고
개틀링 기관총, 크루프제 야포로 무장한 관군
사정없이 갈겨만 대니
위세 좋게 사람 병풍 둘렀건만
후드드 쓰러져간 뻘건 피
한 서린 내 되어 금강으로 흘렀다
이인가도 그득 메운 싸늘한 주검
차가운 날
내 땅 내 흙에서 솟은 서릿발조차
뼛속 깊이 후벼만 들었으니

〉
아, 서러워라
어이 달랠 수나 있으려나 억울한 그 혼백들

점점이 잃어간 순수

낭랑한 어느 여인의 목소리
"아부지 가께요"
창 너머든 그 한마디가
이 아침, 내 마음 잔잔하게 울리는 까닭은 뭘까

난다는 것은
의식이 세상을 접한다는 것
떠돌던 그 씨알이 어느 계곡에 접어들던 날
흐릿한 껍질을 두른 나는, 찬 바다에 던져졌다
삶은 자유요 선택에 대한 차가운 책임
보이지 않는 손에 끌려
어느 낯선 계곡에 닿는 것이 인생인지는 몰라도
이미
육신을 걸친 의식은 좋든 싫든 껍질을 경계 삼아야 한다
일찍이 가난에 베인 마음은
굴레를 떠올리고
억압을 떠올리고
삼주수三珠樹* 가지마다 화려하게 깃든 새 둥지 올려 보고는

열린 문으로 삼을 것인가 아니면
단절의 벽으로 삼을 것인가를 고뇌하다 점점이 잃어간 순수
결국, 나를 지워가는 욕망 속에서
유연했던 혀끝조차 재갈이 되어
그 흔하던 "아부지"를 잃고
또 "엄마"를 잃고

이 아침 문득
나이 든 여인의 낭랑한 목소리 하나가
이처럼, 잔잔하게 내 마음 울리는 까닭은 뭘까

* 신선 세계의 나무. 잣나무와 비슷한데 잎이 전부 구슬로 되어 있다
  고 함.

열다섯 소년의 마음

부시시 일어나 부수수
건정, 긴 머리 빗어 내린 그녀가 뜰에 내려섰어

뽀얗게 살 오른 팔뚝 하며 장딴지
나긋나긋 팔랑이는 통치마 사이로
햇살이 만지작만지작
싱그럽게 살랑이는 봄날의 아침은
열다섯, 소년의 마음을 훔치기에 충분하였지

천근의 고된 지게도
고뇌에 찬 만근의 짚신도
여지없이 오르내려야만 했넌 중학동 큰샘골 고라당

칠십 년대 그 비탈은
빈곤이 찾아와 옹기종기 궁핍에 기댄 채 숨죽였어도
은밀한 설렘이 춤을 추었으니

살짝 패여

부옇게 오른 한 쌍의 달 무덤도
가끔은 중학동 말랭이의 허름한 집 한 채를
참 밝게도 밝혀주었지

열다섯 소년의 마음은 그때
온통, 감미로운 한 편의 시가 되었어

너, 이어도여

대륙을 휘어잡아
반도 뻗어 내린 길목에
너는 굳건한 섬돌로 서 있구나

한라에 턱을 괴고
사백 리 팔 뻗으면 닿는 곳

이백이십사만 년 전
태고의 적막이 불로 환생하여 하늘로 오르려다 내린 너는
태평양 그 험한 파랑을 맞고 또 맞으며
잠깐 섬이 되었다가 전설로 숨어버렸지

돌돔과 붉바리와
그리고 조피볼락의 잔잔한 재롱에 젖다가도
먼바다 질러서 달겨드는 태풍을 험하게 꾸짖으며
메두사의 눈보다도 더 무섭게
어부들의 영혼을 지배하던 너

〉
이제는
반도의 큰 꿈 머리에 이어 들고
머언 먼 저 태평양을
너, 이어도여
매섭게도 경계하는구나

아, 위대한 석장리

만 년하고 또
만 년도 훨씬 넘은 옛적에
사람들 살았다네
시간의 적막 속에 무던히도 갇혔던 아담한 집터 하나
열 명 안팎, 사람들 살았다네
불 무더기 둘러앉아
오순도순, 멧돼지 질겅이며 정 나누던 사람들
여기, 그들이 살았다네

누군가는 부정했다지
반도에 어찌 이른 그들 있었겠냐고
앞선 유적 인정하기 싫었던 오만
식민사관의 틀을 조롱하듯
파도 잠잠이 하늘에서 잠든 날
자연은, 위대한 진실 주톳빛 적막에 감췄다네

깎고 또 깎아 나른 토사
스물일곱 층위에 꼭꼭 비밀을 묻었으니

역사는 인간이 기록하되
선사는 위대한 자연이 기록한 것
사람이 어찌, 그 긴 진실 부정할 수 있겠는가

선사인들 활발히 교류했음을
대륙을 부유하며 인연 맺었음을
거짓을 조롱하듯, 의연히 지질이 증거하니
아, 위대한 석장리
어찌 섣부르게 단정하리
깊디깊은 그 시원을

여돗할망 제주살이

언제부터였을까
여돗할망 제주살이

용천수 맑게 솟는
조천의 하늘은 조용하기만 하였다네
파랑도 잠든 바닷길은 머뭇거리던 진상의 길
살폿살폿, 말테우리 고동지를 유혹하고
머언 먼 저 원나라로 국마 진상, 해상의 길 재촉하였다네
이백이십사만 년 전 제주에 눌러앉은 한라가
길게 다리 뻗어 태평양 목에 세운 발잔등
꼼지락꼼지락 환계 여인의 심술이었나
안녕을 기원하는 내자의 간절한 심경도 모르는 척
이어도, 환계의 변덕이 파도를 들썩이니
아, 길길이 거품 물어 마선을 삼켰다네
정인의 동거, 한라의 발잔등에 곱게 피고
하늘하늘 여인의 매혹이 달콤한 꿈만 같았거늘
달빛에 맘살 앓는 그리움
이어도 여인의 측은지심은
정인 따라 인간 따라 장귀동산당으로

끝내, 조천에 머물렀다네

여돗할망 제주살이
그렇게 시작됐다네

황새바위 순교성지*

저 건너
흰옷 입은 천사들이 하늘거리네
길게 공산 말랭이 늘어선 천상의 꿈들이
하늘하늘 손짓하네
해 뜨고 지고
달도 뜨고 지고
황새바위 성지에 핏물 새기던
이백 년 전 혹독한 박해의 고통, 그 흔적
숱하디숱한 날들 그렇게 흘렀음에도
어제인 듯 생생하기만 하네
봄은 늘 선량하기만 하고
흐드러진 벚꽃 순백으로 하얗기만 한데
당신을 향한 초련이 얼마나 굳고 또 깊었길래
피눈물 아리아리 모든 그 공포 이겼나
분홍치마 휘날리는 젊은 엄마 손 이끌던
싱그러운 그 공산의 봄도 뿌리쳤나
마음엔 평화
배교의 유혹 말끔하게 쓸어 버리고

나 이제, 여기서 죽네
공산 말랭이 늘어선 저 백의의 천사들 따라
형제여 자매여
나 이제 오르네
높은 저 본향을 향해

* 공주시 교동에 위치하며, 제민천을 사이에 두고 공산성과 마주 보고 있다. 1801년 신유박해 때 이존창(세례명 루도비코) 등을 시작으로 약 100여 년에 걸쳐 수많은 천주교 신자들을 처형했던 장소다. 그 당시에는 제민천을 따라 금강의 모래사장이 연결되어 있었으며, 그 모래사장에서 처형이 이루어질 때 공산성에 사람들이 올라가 처형 장면을 직접 보기도 하였다고 한다. 이후 1980년 천주교 대전 교구에서 그 일대를 매입하여 순교성지를 조성하였으니, 곧 황새바위 순교성지다.

제민천

비
제대로 한 번 오시려나
한 점 바람도 없이 내리는 칠월
주미산 골 따라 가물 끝에 모여든 물뿌리는
웅진성 민초들의 젖줄이었다

준비하지 못한 천도로 시름 깊어가고
눈물 뚝뚝, 절망에 빠져 넋 흘리던 문주를 올려 보며
살길 막막했던 이들에게, 물뿌리는 명줄
원도심 가르는 제민천은 그런 것이었다

이제
금학교 목젖 넘어 든 천은
추억의 산책길로, 아이의 놀이터로
그렇게 시나브로 일상을 엮고
졸졸 삶의 시름 하나둘 거두어
배설의 문 금성교 지나 금강으로 흐른다

〉
역사는 강에서 나고 삶은 하천에서 나고
시련 딛고 일어선 웅진성은 무령으로 한 번 더 섰거늘
동아시아 들썩이던 그들의 영광도 시간의 가녘으로 나앉았으니
덧없는 것이 인생이라

부귀빈천의 인간 삶이 흐르는 물
입으로 든 것 언젠가 배설로 나는 것임을
오늘도 묵묵히 흐르는 저 천
그 진리 간직한 듯하다

속웃음

키들키들
제어할 수 없는 웃음이 떨어진다
농익은 감정이 벚 가지를 벗어나 지천으로 뒹굴고
절대 그러모을 수 없는 웃음으로
상상의 봄 오라기 하나 걸치고 있다
해학은 타고나는 것인지 체득하는 것인지
어찌 보면 상황이란 늘 무거운 것, 아니 가벼운 것
평온의 자그마한 행복 사라질까 염려하여
내 마음은 물처럼 변덕스레 흐르나니
떠받든 저 비구름
힘에 겨워 한참을 키들거린다
푸큭푸큭
경거한 웃음 쏟아붓고 있다

허울 고운 영요

누가 펼쳤나

달빛이 철렁이는 뒷골목

습진 그곳에는 사과 더미가 쌓여 있다

희희낙락 낄낄거리며 시나브로 썩어 가는 그들

꼬이는 것은 파리

질펀하게 풍기는 탐욕이 갈수록 퍼저 나가 주변을 유혹하고

더미더미 구더기만 들끓었다

은빛이 넘쳐나건만

청량한 것들은 모두 눈 감아 버리고

움틀거리는 것은 오직 구더기들뿐인 세상

부질없는 새움이 너울거린다

너 철없는 달빛이여

아, 허울 고운 영요여

고교 시절

친구야
갑자기 생각이 났어
고교 시절, 교문 나서 한 백 미터쯤 가면 제민천 대통교 나오고
그 다리 건너면 호서극장 있었어

친구야
갑자기 생각이 났어
고교 시절, 공산성 아래 큼지막한 차부 있었고
그 옆엔 청자라는 다방도 있었지

곧게 뻗은 도심
고교 시절, 우리들의 공주라는 것이
그저 호서극장 삼거리를 왼쪽으로 돌아 박물관 사거리 딛고
큰 사거리 힐끗, 공산성 다다르면 그게 다였지

기억나는가
봉황산 기슭에 산벚꽃 만발하면

산들산들, 마음엔 온통 벅차오르던 꽃 향
성문 정석* 다 팽개치고는
도둑괭이 쏘다니듯 거리로, 극장으로 한없이 배회하던

가시를 삼킨 장미**, 그 유혹 얼마나 컸으면
만용의 댓가 온몸 가득 장식하면서도
고교 시절, 우리들의 의기가 투합했는지

오늘 갑자기
그때 생각이 났어, 친구야

* 고등학교 학생들이 많이 활용하던 영어(성문종합영어), 수학(수학정석) 참고서
** 1979년 개봉한 정진우 감독의 한국 영화. 유지인 등이 주연한 멜로 영화로 청소년 관람 불가 영화. 생활지도 선생님에게 발각될 경우 엄한 처벌을 받았음에도 불구하고, 호기심에 친구들이 어울려 몰래 보았던 영화 중의 하나.

청벽산*

청벽산 절벽 아래
굽어, 급히 도는 저 강물은
그때 슬프게만 흘렀으리

남의 땅 뺏어 든 강도
우리는 그들을 수탈자라 이름하였느니
쌓인, 더미더미 쌀가마가 군산항 떠나던 날
어쩜 좋아, 어쩜 좋아
저 도적을 어쩜 좋아, 그저 발만 동동
슬픈 그 산하에도
조팝나무 하얀 꽃은 봄만 되면 피었나니
보릿고개 넘다 지쳐 너도나도 미쳐갔다
산등성이 서녘 노을
다섯, 금강 다리 평화로이 잠재우며
시방은 금빛으로 예쁘게도 빛나건만
빼앗긴 토지, 쌀가마에 속앓이하고
산미역취 노란 꽃 다 붉도록 저항하다, 끝내는 지쳐
울화통 짊어지고 오르던 산

〉
아는가 청벽산아
그게 바로 너였음을

* 충남 공주시 반포면 마암리의 금강에 접해 있는 산.

호안끼엠*

사람 오토바이 자동차, 그리고
서툰 이방의 호기심들이 뒤엉켜 어우러진 복판
호안끼엠의 거리에는 질서란 없어 보였다
달이 그렇고 해가 그렇고
무수하게 빛나는 밤하늘의 별이 그러하듯
운행하는 것들은 나름의 질서가 있는 것인데
대체 호안끼엠에 감추어진 그 질서는 무엇이란 말인가
인도에 널브러진 좌대
아무렇게나 앉아 본능에 충실한 사람과 빼곡히 누워 잠든 오토바이
천진한 삶에는 질서도 필요 없는 것인지
불안하게 내몰린 호기심들은 아슬한 벼랑에 가 걸리고
사람들은 그저 태연하기만 하였다
음양의 극단에서 시소하며
시간의 길이가 닿는 데까지 촘촘하게 덧대어 온 약속이지만
어느 것 하나 완벽이란 없어 다시 돌아가는
시간은

휘어진 동그라민가
느림의 뒤안에서
얼굴 감춰 디미는 회전교차로
마음으로 읽는 무질서의 질서, 호안끼엠

* 베트남 하노이에 있는 한 지역 이름.

종일 비 내리던 날의 상념

깃털 헝클어진 참새 한 마리
빗속에서 날아와
휴안옥 노대 난간에 앉았다
목을 삐죽삐죽
다리 또한 촐싹이며 창 안을 기웃거린다
무엇이 그리도 궁금했나
도굴꾼 눈에 든 웅진의 역사는 텅 비어버린 허무
그래도 무령, 당신 만은
껴묻거리 끌어 앉고 천오백 년 그 긴 비밀 지켰다는데
보잘것없는 서너 평 방
청춘의 멜로디 잃은 묵언의 기타
기다란 책상 타고 노는 컴퓨터와 티비
그리고, 옷가지 걸린 철제 가구에 침대 하나가 전부인 것을
한 치의 휘어짐도 없이 치닫는 비
빗줄기 속 니는 달콤하게 흘러내리는 한 폭의 수채화
넓지 않은 상념의 김이 모락모락
셀 수 없는 갈래로 피어오른다
주아는 지금

발차기하고 있을까 아니면 새근새근 잠들어 있을까
아직 엎치지는 못하지만, 곧잘 옹알거렸는데
말은 언제쯤에나 하려나
어떤 기표를 앞세워 신비의 성을 지어 가려나
깨물고픈 귀요미 버둥거림이
저 빗속에서도 맑은 채도로 아르거리니
조용한 기척에조차 놀랐는지
파르륵, 참새는 어디론가 날아가 버리고
아직도 비는 그칠 줄을 모르고
아, 어디에서 무엇을 하고 있는지
한나절이나 빗속에서 노닐다간 장끼
어제 왔던 그 장끼나 또 왔으면

| 해설 |

혼돈의 자아, 공생의 길, 건강한 정서
― 이석구의 시세계

이은봉(시인, 광주대 명예교수, 전 대전문학관 관장)

 이석구의 이번 시집이 다루는 세계는 넓고 크다. 그러니만큼 그것을 일관성 있게 단숨에 요약하기는 힘들다. 이는 무엇보다 시인 이석구의 자아가 단순하지 않다는 것을 말해준다. 이런저런 복잡계의 상상력을 거느리고 있는 것이 그의 시에 드러나 있는 자아의 특성이라는 것이다. 이는 또한 그의 시의 화자가 개별적인 특성과 사회적인 특성을 동시에 가지고 있다는 것을 가리키기도 한다. 한편으로는 사적이고 개별적인 주체로 등장하지만 다른 한편으로는 역사·사회적인 주체로 등장하는 것이 그의 시의 화자라는 것이다.
 그렇다고는 하더라도 그의 시의 화자가 역사·사회적 주체를 시의 전면에 등장시키는 것만은 여러모로 삼가는 것을 알

수 있다. 여기서 이러한 얘기를 하는 것은 역사·사회적인 현실이 시의 대상으로 선택되면 그의 시의 화자가 다소간 불투명한 자세를 취하기 때문이다. 물론 그의 시의 화자가 역사·사회적 현실과 관련하여 혼돈의 모습을 보여주는 것은 무엇보다 평화와 안정에의 의지 때문으로 보인다. 평화와 안정에의 의지라고는 했지만 이는 나날의 사람살이에서 조화와 균형을 잃지 않으려는 의지일 수도 있다.

여기서 말하는 평화와 안정에의 의지, 곧 조화와 균형을 잃지 않으려는 의지는 지금까지 살아온 그의 개인사와 깊이 관련이 되어 있는 듯싶다. 개별 작품에 따르면 그의 시의 화자는 기본적으로 어린 시절 극심한 '가난'과 함께 형성된 심성에 기반하고 있는 듯싶다.

> 궁핍한 열한 살 소년의 소풍은 화려한 고통이었어
> 이십 원쯤 받아든 어린 마음이 낡은 싸릿문 잡고 울었어
> 쫀드기야 몇 개 살 수 있는 돈이었지만
> 여러 밤을 설치며 들떴던 마음엔 턱없이 부족했지
> 노랑 파랑 빨강, 공중을 맴돌던 예쁜 풍선들은 순간 바람으로 날아가고
> 뚜뚜뚜 나팔 불며 고샅길 누비던 소년의 꿈도 그 아침, 안개로 흩어졌지
> 고사리손에 들린 이십 원은 철없어 엉엉 울고
> 젊은 엄마 애절한 마음은 그 아침 찢어지며 울고
> 보다 못한 등 굽은 할머니, 살짝

깊숙이 감추어 온 고쟁이 속 몇십 원 살을 떼어주었지
―「소풍 가던 날」부분

이 시는 "궁핍한 열한 살 소년"이 소풍을 떠나던 날 체험했던 지독한 가난, 이른바 "화려한 고통"을 담아내고 있다. 일종의 축제인 소풍에 돈이 부족해 능동적으로 참여하지 못했던 아픈 체험을 그리고 있는 것이 이 시라는 것이다. 소풍 가는 날 "쫀드기야 몇 개 살 수 있는 돈"이지만 기껏 "이십 원쯤 받아든 어린 마음", "여러 밤을 설치며 들떴던 마음엔 턱없이 부족"한 가난했던 체험을 그리고 있는 것이 이 시이다. "고사리손에 들린 이십 원"조차 "젊은 엄마 애절한 마음"을 "보다 못한 등 굽은 할머니, 살짝/깊숙이 감추어 온 고쟁이 속"에 들어 있던 것이지 않은가.

여기서 말하는 가난의 서사가 시인 자신의 것임은 자명하다. 그러나 그 시절 이러한 정도의 가난이 오직 시인 자신에게만 있었던 것이라고 할 수는 없다. 그 시절에는 이 나라의 수많은 사람이 그와 유사한 가난과 싸우며 삶을 키워왔기 때문이다. 시인 자신이 말하고 있는 것처럼 "가난한 열한 살 소년에겐 그 소풍/너무너무 화려한 고통이었"는지도 모른다. 그렇다. 여기서 말하는 "화려한 고통"이 있었기에 오늘의 시인 이석구 선생이 있게 되었다는 것을 잊어서는 안 된다.

그의 시의 주체가 체험했던 가난과 관련된 서사는 물론 이러한 정도에서 그치지 않는다. 다음의 시를 보더라도 시인이

체험했던 가난은 상상이 된다. 하지만 아래의 시에서 화자는 자신이 겪었던 가난을 과도하게 슬퍼하거나 한탄하지는 않는다. 무엇보다 그가 저 자신을 격려하고 부추기고 있기 때문이다.

> 그때는
> 가난이 봄 들에 뿌려지던 시절이었는데도
> 감자떡이라도 먹을 수 있는 풍요를 누렸다 하니
> 그래도 너는 참 행복했던 거다
>
> 부름이 화가 되어 몸뚱아리 찢긴다 해도
> 버둥치다, 끝내 횡사한다 해도
> 소리소리 짝을 부를 수밖에 없는 수컷 매미의 숙명처럼
> 목숨 걸고 먹을 것을 찾아야만 했던 가난의 기억
>
> 마흔다섯 감자떡이 삶을 희롱하듯
> 봄만 되면 이제는
> 만원으로 나부끼는 역설의 때가 되었는데도
> 가난을 습관처럼 아직도 기억하는 몸은
> 여전히, 이 봄도 춥다
> ―「가난의 기억」 부분

"가난을 습관처럼 아직도 기억하는 몸"을 지닌 이 시의 화자인 시인은 "여전히, 이 봄도 춥다". 그렇다고 하더라도 한편으로 그는 "가난이 봄 들에 뿌려지던 시절이었는데도/감자떡이라도 먹을 수 있는 풍요를 누렸다 하니/그래도 너는 참 행

복했던 거다"라고 하며 자신을 위로한다. 말하자면 "감자떡이라도 먹을 수 있는 풍요를 누"린 마음으로 시인은 지금 여기서 저 자신의 자아를 추스르고 달래는 것이다.

그렇기는 하더라도 시인 이석구 선생이 단숨에, 한꺼번에 암중모색하는 자아, 혼돈의 자아를 극복하고 드높은 정신 차원을 보여주는 것은 아니다. 누구나 다 그렇듯이 일정한 방황과 고통을 겪으면서 그의 자아도 점차 성숙해 갔을 것인데, 무엇보다 이는 이 시집의 아래와 같은 구절들이 잘 증명해준다.

돌이켜보면
늘 미숙에 빠져 살았다
—「어찌 그 주·주는 닮아가지고」 부분

삶의 고뇌는 세상으로 흐르고
어둠의 길은 땅에서 나서 매번 하늘로 올랐다
—「삶의 고뇌는 세상으로 흐르고」 부분

인용된 위의 시의 구절들에 따르면 그 역시 한때는 "미숙에 빠져 살았"던 듯하다. 아니 그렇게 생각하며 살았던 듯하다. 시인이 "삶의 고뇌는 세상으로 흐르고/어둠의 길은 땅에서 나서 매번 하늘로 올랐다"고 생각하며 산 적이 있다는 얘기다. 이처럼 그는 수시로 미숙한 삶, 고뇌하는 삶을 다독이고 감싸 안으며 살아왔던 듯하다. 이러한 삶을 거부하지 않는 것은 그가 다소 불투명하더라도 정직한 자아를 소중히 여기기 때문으로 보인다. 다른 시에서 그가 "하고 싶은 대로 해, 그 말/도대체 내 마음대로 해도 된다는 것인지/아니면 절대 함부로 날뛰지 말라는 것인지/헷갈리는 모호의 늪에서 오늘도/혼란한 하루가/삶의 노을에 잠기고 있다"(「하고 싶은 대로 해」)고 노래하고 있는 것도 그가 자신의 '정직한 불투명성'을 받아들여 온 증표라고 생각된다. 이처럼 정직한 고뇌를 거치면서 점차 그는 삶의 질서, 나아가 자연의 질서, 곧 "하늘의 뜻"을 깨달아 가는 듯한데, 이는 다음 시의 몇몇 구절도 잘 말해준다.

> 정을 잇고 사랑을 잇고
> 세상의 온갖 예쁜 것들 맺으며 살라는 하늘의 뜻이었나
> 이순을 굽어 도는 사유의 내가
> 온통, 얄팍한 혼돈으로 일렁인다
>
> 윤슬로 반짝이는 아침의 빛도
> 따지고 보면 하늘이 고향
> 이어짐의 길은 끊겨 흔적으로 남았을지라도
> 빛은 빛으로 하늘이었던 것을
> ─「꼬리는 왜 흔적만 남겼나」 부분

이 시에 이르러 시인은 천명(天命)이라고 할 수 있는 것을 자각하기 시작한다. 천명(天命)은 물론 '하늘의 명령'이라고 풀이할 수 있지만, 시인은 그것을 쉽게 "하늘의 뜻"이라는 언

표로 받아들인다. 물론 그가 받아들이는 하늘의 뜻은 "정을 잇고 사랑을 잇고/세상의 온갖 예쁜 것들 맺으며" 사는 것이다. 이들 구절, "정을 잇고 사랑을" 이으며 사는 것, "세상의 온갖 예쁜 것들"과 더불어 사는 것이 뜻하는 바는 자명하다. 그것은 실제로 공동체 전체와 더불어 사는 것에 지나지 않기 때문이다.

이러한 하늘의 뜻을 깨달으면서도 그는 이 시에서 "이순을 굽어 도는 사유의 내川가/온통, 얄팍한 혼돈으로 일렁인다"고 자성(自省)한다. 실제로 이루어지는 세상에서는 그가 깨닫는 '하늘의 뜻', 곧 공동체 전체와 더불어 사는 일이 쉽지 않기 때문이다. 그렇다고 하더라도 그는 이어지는 구절에서 "윤슬로 반짝이는 아침의 빛도/따지고 보면 하늘이 고향"이라는 깨달음을 보여준다. 그가 보기에는 "길은 끊겨 흔적으로 남았을지라도/빛은 빛으로 하늘이었던" 것이다.

"아침의 빛도/따지고 보면 하늘이 고향"이고 "빛은 빛으로 하늘이"라고 하더라도 그에게는 나날의 일상이 "먹고 먹히는 환의 사슬"일 때가 많다는 점을 잊어서는 안 된다. 그래서 그럴까. 그는 나날의 그러한 일상을 매우 안쓰럽고 안타까운 마음으로 반문한다. "먹고 먹히는 환의 사슬/그것이 그토록 당연한 이치일까/숨죽여 저항할 의지조차 놓아버리는 것이/의당 살아있는 자들이 취해야 할 바른 처신일까"(「새들의 식사」)라고 하며 되묻는 것이 시인이라는 것이다.

나날의 일상에서 그가 이러한 자성(自省)을 갖고 사는 것은 오늘의 삶에 대한 그 나름의 가치 기준이 있기 때문으로 보인다. 여기서 말하는 '그 나름의 가치 기준'은 그 나름의 윤리나 도덕을 가리킨다. 물론 이는 그가 세상살이에 대한 바른 방향을 지니고 있다는 것으로 이해해도 좋다. 시에 드러나 있는 내용으로 미루어 보면 그는 무엇보다 각박하지 않은 세계, 곧 너그럽고 넉넉한 세계를 추구하는 듯도 싶다. 오늘의 삶을 악착같이 살아가는 사람들에 대해 그가 아래의 시에서처럼 비판적 자세를 보여주고 있는 것이 이를 잘 말해준다.

> 파국에 이를 줄 알면서도 벼랑 끝 전술을 즐기고
> 거짓에 거짓을 덧대며 술수에 능한 사람아
> 죽겠다 죽겠다면서도 정작 죽음의 그림자는 외면한 채
> 권력의 달콤함에 취한 사람아
> 모락모락, 하얀 밤은 언제고 다가와
> 모든 것 덮는 걸 왜 모르나
>
> ―「삶의 역설」 부분

이 시에 따르면 시인은 "파국에 이를 줄 알면서도 벼랑 끝 전술을 즐기고/거짓에 거짓을 덧대며 술수에 능한 사람"을 인정하지 못한다. 그가 보기에 이들은 "죽겠다 죽겠다면서도 정작 죽음의 그림자는 외면한 채/권력의 달콤함에 취한 사람"이기도 하다. 그의 마음에서는 이들이 세상의 중심이 되어서는 안 된다. 그의 마음에 따르면 "하얀 밤은 언제고 다가

와/모든 것 덮"을 것이 확실하다.

물론 이들 이미지, 곧 "모든 것 덮는" "하얀 밤" 운운의 이미지는 매우 상징적인 표현이다. 그렇다고는 하더라도 이들 이미지로부터 시인 이석구의 의도를 읽지 못할 사람은 없다. 궁극적으로는 그가 주장하는 것이 "땅은 땅/하늘은 하늘"(「황톳빛, 그 색이 뭐가 어때서」)이라는 것을 잊어서는 안 된다.

이렇게 가꿔온 시인 이석구의 자아가 기본적으로 역사·사회적인 자각을 가지리라는 것은 자명하다. 역사·사회적 자각을 가지리라는 것은 물론 그의 시의 자아가 좀 더 적극적으로 당대의 현실에 대해 발언하기 시작하리라는 것을 뜻한다. 그렇다. 시는 때로 당대의 현실에 대한 역사, 사회적 발언일 수도 있어야 한다. 다음의 예는 그러한 맥락에서 읽을 수 있는 그의 시의 중요한 일부다.

저기
빈집에 홀로 남아
능소화 곱게 피었는 설
계묘년 장맛비는 무참히도 내리고
미호강 틈새 비집어 오송을 삼켰네
신혼의 꿈 채 익기도 전에
한숨에 말아 오른 회색빛 저 구름아
짧은, 어느 한을 품은 그리움이더냐
울부진들
펑펑 울부진들

천천의 허공에 어푸러져 목을 놓아 울부진들
아, 그게 다 무슨 소용이더냐
가까운 초량의 참사도 잊었는 걸
삼풍도 세월도 다 잊었는걸
버얼써 잊었는걸
또, 언젠가
유월의 피비에도 삼팔선은 다시 갈려
한으로 한으로만 시퍼렇게 장식하던
그 커드만 한 상흔마저 까마득히 잊었는 걸
아, 그리고
그리고 또 내일
무엇이 달라질까
깊숙이 비틘 김춘 채
빈집에 곱게 피어날 능소화
날 벼르는 그 절망도 우리는 다시, 잊었는 걸
매일매일 모든 걸 잊었는걸
머언 먼 그때에도 우리는, 그렇게 잊었는 걸

—「잊었는 걸」 전문

 이 시에서 시인은 '오송의 참사'부터 '초량의 참사', '삼풍의 참사', '유월의 피비' 등 온갖 참사를 환기시킨다. 그와 더불어 시인은 이 시에서 이들 참사를 너무 쉽게 잊어버리는 세태를 우회적으로 한탄한다. 이러한 한탄은 또 다른 그의 시 「청벽산」이나 「슬픈 우크라이나여」, 「베를린의 그날」 등에서도 확인이 된다. 이들 시 또한 역사·사회적 발언을 담고 있거니와, 자신의 시를 통해 이러한 한탄을 보여주는 것은 무엇보다 그가 공생주의적 세계관을 지니고 있기 때문으로 보인다. 물론 시에 드러나 있는 그의 공생주의적 세계관이 어떤 특별한 철학적 체계까지 이르러 있는 것으로 보이지는 않는다. 시에 함께하고 있는 그의 공생주의적 세계관은 아마도 함께 사는 이 세상에서 나눌 것이 있으면 나누며 살아야 하지 않는가 하는 정도에 머물러 있는 것으로 생각된다. 하지만 이러한 정도에 머물러 있는 공생의 꿈마저 바르고 옳게 실현되지 않아 두루 한탄하고 있는 것이 시에서의 시인이다. 말하자면 "그 성스러운 공생의 꿈을/이제는 점점 잃어만 간다네/너와 나, 사람의 마음에서 그것/아스라이 멀어만 간다네"(「공생의 꿈」)라고 노래하고 있는 것이 그라는 것이다.

그렇다고는 하더라도 그가 오늘의 역사, 사회적 현실과 관련하여 비관이나 절망만을 선택하고 있는 것으로 보이지는 않는다. 이 시집의 한 편에서는 밝고 환한 정서로 '고향의 세계'를 노래하고도 있기 때문이다. 물론 여기서 말하는 고향의 세계는 고향의 공동체와 고향의 자연을 뜻한다. 이와 관련해 정작 중요하게 생각해야 할 것은 그가 자신의 시를 통해 추구하고 있는 것이 점차 고향의 공동체 혹은 고향의 자연 쪽으로 이동해 가고 있다는 점이다.

고향의 공동체와 관련해서는 우선 그가 자신이 이룬 가족과 관련된 서사를 시에 받아들이고 있다는 점이다. 「빨래 널이」, 「주아, 나비를 처음 본 날」, 「삼대의 제주 여행」 등이 그 예라고 할 수 있다.

한편으로는 태어나고 자란 그의 고향 마을도 시의 영역으로 받아들이는데,「모가울」,「달산리의 봄」 등이 그 예라고 할 수 있다. 충남 논산시 노성면 노티리의 한 마을인 '모가울'이 그가 태어나 유년 시절을 보낸 곳이라고는 하더라도 정작 그를 보살펴 키워준 곳은 공주시인 듯하다. 공주시 역시 그의 시의 무수한 대상이 되고 있다는 것인데,「봉황동 큰샘」,「고마나루 연가」,「대통교 다리 밑」,「제민천」,「열다섯 소년의 마음」,「아, 위대한 석장리」,「우금티 전투」,「황새바위 순교 성지」,「고교 시절」 등의 시가 이를 잘 증명해준다.

모든 작품이 완미한 형상으로 보여주는 것은 아니지만 그를 키워준 공주시를 배경으로 하는 이들 시에 이르러 그가 훨씬 긍정적이고 낙관적인 정서를 갖는 것은 사실이다. 물론 여기서 말하는 긍정적이고 낙관적인 정서는 밝고 환한 희망의 정서를 가리킨다. 긍정적이고 낙관적인 정서, 곧 밝고 환한 희망의 정서는 그의 다른 시「저 참새는 어찌」,「그들의 소원 또 빌겠죠」,「큰개불알풀」 등에서도 찾아진다. 그렇다고는 하더라도 밝고 환한 긍정적인 희망의 정서의 면에서 가장 뛰어난 심미적 성취를 보여주는 시는 「고마나루 연가」가 아닌가 싶다. 이 시에 이르러 시인은 어둡거나 칙칙한 마음을 말끔히 씻고 밝고 환한 정서를 바탕으로 완전한 심미적 성취를 보여준다.

정안천 저 버들은

물오르면 피어나서
버들버들, 봄만 되면 노래하고

연미산 저 소쩍새
달밤이면 날아와서
소쩍소쩍, 보고픈 임 불러대네

금빛 은빛 환복하며
만년 흐른 저 금강은
뭉실뭉실, 절경 앗아가건마는

예쁜 고마나루
봄 갈의 옛 그리움
문뜩문뜩, 가슴강에 절절하네

―「고마나루 연가」 전문

공주에서 살아본 사람이라면 누구라도 이 시에서 그가 그리는 풍광을 눈앞에 선하게 펼쳐낼 수 있으리라고 생각된다. 이 시에서 시인의 눈은 동쪽에서 서쪽으로, 남쪽으로 서서히 옮겨가고 있다. 시인의 눈은 우선 공주시 신관동에서 가까운 정안천의 "물오르면 피어나서/버들버들, 봄만 되면 노래하"는 "버들"부터 포착한다. 그러한 뒤 그의 눈은 서쪽으로 이동하며 "달밤이면 날아와서/소쩍소쩍, 보고픈 임 불러대"는 "연미산 저 소쩍새"로 옮겨 간다. 그리고 다음에는 남쪽으로 돌아 "금빛 은빛 환복하며/만년 흐른 저 금강"을 바라본다. 이

윽고 시인의 눈은 더 남쪽의 "봄 갈의 옛 그리움/문뜩문뜩, 가슴강에 절절"한 "예쁜 고마나루"를 바라본다.

 이렇게 읽으면 이 시는 언어로 만든 한 편의 동영상이라고도 할 수 있다. 다시 말하면 이 시는 4개의 장면이 섬세하게 이어지는 '움직이는 풍경화'가 된다. 흔히 풍경의 선택은 세계관의 선택이라고 한다. 그러한 맥락에서 읽으면 공주시의 외곽을 시인의 서정적 카메라로 훑고 있는 이 시는 그 자체로 일정한 의미를 지닌다. 일단은 이 시에 드러난 이들 4개의 풍경을 통해 시인 자신이 오랫동안 살아온 공주시에 대한 지극한 사랑을 드러내고 있음을 알 수 있다. 공주시에 대한 지극한 사랑은 앞에서 예시한 몇몇 시편에도 오롯이 드러나 있거니와, 정작 주목해야 할 것은 이들 시에 이르러 그의 시의 정서가 한층 건강해졌다는 점이다

 이와 관련해 좀 더 관심을 가져야 할 것은 그의 시의 이들 건강한 정서가 봄의 이미지나 아침의 이미지와 함께하고 있다는 점이다. 여름의 이미지나 한낮의 이미지와 함께할 때도 그것은 마찬가지지만 말이다. 아마도 이러한 정신 경지에 이르는 것은 점차 나이가 들면서 그가 세상 전체를 바로 볼 수 있게 되면서부터가 아닌가 싶다. 「목련꽃」, 「큰개불알풀」, 「쨍볕」, 「키 작은 들풀들」 등의 시가 그 한 예인데, 물론 이들 시는 고향 쪽보다 자연 혹은 사물 쪽에 좀 더 기울어져 있다. 다음은 이들 시 중의 하나이다.

저 봄 아씨
가뿐가뿐 오시네
보송보송 솜터럭에 싸여
사뿐사뿐 오시네
백옥의 하이얀 웃음 수줍게도 흘리시며
사알짝 속살 열어
숫 가슴 탐하시네

―「목련꽃」전문

 이 시는 봄을 소재로 하고 있다. 봄이라는 계절을 아씨로 의인화하면서 전개되고 있는 것이 이 시이다. 이 시에 드러나 있는 "보송보송 솜터럭에 싸여/사뿐사뿐 오시"는 봄 아가씨는 매우 감각적인 형상을 하고 있다. 이러한 감각적인 표현은 이어지는 "백옥의 하이얀 웃음 수줍게도 흘리시며/사알짝 속살 열어/숫 가슴 탐하시네"와 같은 구절에서도 확인된다. 본래 좋은 시는 감각, 곧 이미지를 바탕으로 하면서 의미를 탐구하기 마련이다. 이 시가 독자들의 관심을 끄는 것은 다름 아닌 이러한 형상적 특징을 갖고 있기 때문이기도 하다.

 이들 시에 이르러 그의 삶은 자연을 좀 더 있는 그대로 받아들이기 시작한다. 더불어 자연으로부터 삶을 읽는 그의 눈도 좀 더 차분해지고 온전해진다. 이때 '좀 더 차분해지고 온전해진다'는 말에는 그의 시적 화자가 '좀 더 너그럽고 넉넉해진다'는 뜻도 들어 있다. 아직 "화평의 길은 멀고도 멀어/노심초사, 한마디 말조차 경계하"며 살아가지만 머잖아 "명징

한 해빙의 봄"(「천장호의 아침 단상」)이 오리라는 것을 아주 잘 알고 있는 것이 그의 시와 함께하고 있는 자아이다. 다른 시 「아산의 빛」에서는 그가 "아, 밝도다/보라, 어제와 오늘/그리고 내일이 이룬 조화"라고 하며 자신이 처한 미래에 대해 긍정적이고 낙관적인 심성을 드러내고 있는 것도 주목하지 않으면 안 된다. 이는 무엇보다 오늘에 이르러 그의 시 정신이 그만큼 높은 단계에 이르러 있다는 것을 뜻하기 때문이다. 앞으로도 그의 시가 더 높은 정신 차원을 보여주기를 바라며 글을 맺는다.

이든기획詩選 018

고마나루 연가

ⓒ 이석구, 2024

발행일	2024년 9월 20일
지은이	이석구
발행인	이영옥
펴 낸 곳	도서출판 이든북
출판등록	제2001-000003호
주 소	대전광역시 동구 중앙로 193번길 73
전화번호	(042)222-2536	팩스(042)222-2530
전자우편	eden-book@daum.net
카 페	https://cafe.daum.net/eden-book
공 급 처	한국출판협동조합
	전화 (02)716-5616 (031)944-8234~6

ISBN 979-11-6701-302-6 (03810)
값 13,000원

* 이 책의 판권은 지은이와 이든북에 있습니다.
* 이 책 내용의 전부 또는 일부를 재사용하려면 반드시
  양측에 서면 동의를 받아야 합니다.

* 이 책은 충남문화관광재단의 2024년 충남문학예술지원사업비를
  지원받아 발간하였습니다.